ORDONNANCE DU ROY,

Pour renouveller les défenses à tous gens de guerre, sur le commerce du faux sel, du faux tabac & des marchandises de contrebande.

Du premier Octobre 1743.

A PARIS,
DE L'IMPRIMERIE ROYALE.

M. DCC XLIII.

ORDONNANCE
DU ROY,

Pour renouveller les défenses à tous gens de guerre,
sur le commerce du faux sel, du faux tabac
& des marchandises de contrebande.

Du premier Octobre 1743.

DE PAR LE ROY.

S A MAJESTÉ desirant prévenir les versemens de faux sel, de faux tabac & autres marchandises de contrebande que pourroit occasionner, au préjudice de ses fermes, la prochaine séparation de ses armées, de la part des troupes qui iront en quartier d'hiver dans l'intérieur du royaume, ou passeront d'une province dans une autre, Elle a jugé à propos de renouveller les défenses portées par son ordonnance du 20. avril 1734. dans laquelle se trouvent

A ij

aſſemblées toutes les diſpoſitions des précédentes, tant à l'égard des troupes revenant de ſes armées, que de celles qui reſtent en garniſon ou en quartier dans le royaume, &, en conſéquence, Elle a ordonné & ordonne ce qui ſuit.

ARTICLE PREMIER.

DÉFEND très-expreſſément Sa Majeſté à tous Chefs, Officiers, Gardes-du-corps, Gendarmes, Chevaux-légers & Mouſquetaires de ſa garde, Gendarmes ou Chevaux-légers des compagnies de ſa gendarmerie, Grenadiers à cheval, Cavaliers, Dragons & Soldats de ſes troupes françoiſes & étrangères, de ſe charger de faux ſel, faux tabac ou marchandiſes de contrebande, pour quelque cauſe & ſous quelque prétexte que ce ſoit; à peine auxdits Chefs, Officiers, Gardes-du-corps, Gendarmes, Chevaux-légers & Mouſquetaires de ſa garde, Gendarmes & Chevaux-légers des compagnies de ſa gendarmerie, & Grenadiers à cheval, de confiſcation tant deſdites marchandiſes de contrebande, faux ſel & faux tabac, que des harnois, chevaux, chariots & autres équipages à eux appartenant, ſur leſquels il s'en trouvera; & en outre, d'être perſonnellement châtiez, ſoit par priſon, amende ou caſſation de leurs emplois, & même de leur être le procès fait extraordinairement ſuivant l'exigence des cas, ainſi qu'il ſera décidé par Sa Majeſté, ſur le vû des procès verbaux des commis, & autres preuves qui ſeront adreſſées au Secrétaire d'état de la guerre, pour lui en rendre compte; & à peine auxdits Cavaliers, Dragons & Soldats, d'être châtiez ainſi qu'il ſera ci-après expliqué.

II.

TOUT Cavalier, Dragon ou Soldat abſent de ſa troupe, avec congé expédié dans les formes preſcrites par Sa Majeſté, qui ſera arrêté étant porteur de faux ſel,

faux

faux tabac ou marchandises de contrebande, sera conduit
& écroué à la requête du fermier, dans les prisons les
plus prochaines du lieu où il aura été arrêté, pour lui
être son procès fait, & jugé par les juges ordinaires des
fermes, suivant la rigueur des ordonnances rendues sur
le fait desdites fermes, sans qu'il puisse être reclamé par
ses Officiers: Et lorsqu'il se trouvera absent & éloigné
de sa troupe, au delà des distances prescrites, sans être
muni d'un congé, il sera écroué comme déserteur, dans
les prisons royales les plus prochaines du lieu où il aura
été arrêté, pour être conduit au régiment dont il sera,
& y être condamné par le Conseil de guerre, à la peine
de mort.

I I I.

LORSQUE ceux qui étant en garnison ou en quartier
dans les villes & autres lieux où la ferme du tabac est
établie, useront de faux tabac, ledit faux tabac sera con-
fisqué, & ceux qui en seront trouvez saisis, seront arrêtez
& condamnez par le Conseil de guerre; sçavoir, pour la
première fois, à trois mois de prison, & à cent livres
d'amende au profit des fermes, dont il sera fait retenue
sur les appointemens de l'Officier qui se trouvera commander la compagnie dans le lieu du délit, par le Tré-
sorier général de l'extraordinaire des guerres, ou son
commis chargé du payement de ladite compagnie; &
ce, suivant les ordres de l'Intendant dans le département
duquel elle se trouvera, & sur la simple quittance du
commis du fermier, au bas d'une copie collationnée de la
sentence rendue contre le coupable; & en cas de récidive,
ils seront condamnez aux galères perpétuelles. Entend
Sa Majesté, que les Cavaliers, Dragons ou Soldats qui ne
seront trouvez saisis sur eux, hors le lieu de leur logement, que d'une livre de faux tabac & au-dessous, & ceux
qui n'en auront chacun dans leurs chambres ou casernes,
que jusqu'à concurrence de deux livres, soient réputez

n'avoir ledit faux tabac que pour leur usage seulement.

I V.

CEUX qui feront commerce de faux sel, de faux tabac, ou de marchandises prohibées, si c'est avec port d'armes à feu, seront condamnez par le Conseil de guerre à être pendus & étranglez; si c'est sans port d'armes, ils seront condamnez aux galères perpétuelles. Veut Sa Majesté que les Cavaliers, Dragons & Soldats, qui seront trouvez saisis sur eux, hors le lieu de leur logement, de plus d'une livre de faux tabac, ou qui en auront chacun dans leurs chambres ou casernes, plus de deux livres; & que ceux qui feront pareillement trouvez saisis de quelque quantité de faux sel que ce puisse être, soit sur eux hors de leur logement, ou dans leurs chambres & casernes, soient réputez avoir lesdits faux tabac & faux sel, pour en faire commerce. A l'égard des marchandises prohibées, autres que le faux sel & le faux tabac, Sa Majesté se remet à la prudence des Officiers qui composeront le Conseil de guerre, d'infliger les peines établies par le présent article, ou celles énoncées dans l'article précédent, suivant qu'ils auront lieu de juger par la quantité desdites marchandises prohibées, que ceux qui en seront trouvez saisis les auront pour leur usage, ou pour en faire commerce.

V.

CEUX desdits Cavaliers, Dragons ou Soldats, qui seront arrêtez dans les provinces frontières, pour les cas énoncez dans les deux articles précédens, soit par les employés des fermes, par les Maréchaussées, ou autres, seront conduits & remis au pouvoir des Officiers de l'Etat-major de celle des places la plus voisine, où il y aura Etat-major, pour y être jugez par le Conseil de guerre, sans avoir égard à la dépendance du lieu où ils pourroient avoir été arrêtez. Ordonne & enjoint très-expressément

Sa Majesté

Sa Majesté aux Commandans desdites places, de faire
assembler sans délai le Conseil de guerre, pour en icelui,
sur le procès verbal des employés & autres, & sur le
rapport & les conclusions du Major ou Aide-major de
la place, procéder contre les coupables, & iceux con-
damner aux peines ci-dessus ordonnées, sans que lesdits
Officiers puissent s'en dispenser sous quelque prétexte
que ce puisse être : Et pour ôter auxdits Cavaliers, Dragons ou Soldats, les moyens de faire le commerce de
faux sel, de faux tabac ou de marchandises prohibées, Sa
Majesté leur a défendu & défend de sortir des villes, places
& lieux où ils seront en garnison ou en quartier, sans
congé expédié dans les formes prescrites; à peine contre
ceux qui se trouveront éloignez desdites villes, places &
lieux, au delà de la distance prescrite par les ordonnances
de Sa Majesté, sans être munis d'un congé, d'être punis
comme déserteurs.

V I.

Et à l'égard des troupes étant en garnison ou en
quartier dans les provinces intérieures, les délinquans
seront conduits & écrouez dans les prisons les plus prochaines du lieu où ils auront été arrêtez, pour être leur
procès fait & jugé dans la forme prescrite par l'article
précédent, dans un Conseil de guerre qui sera pour cet
effet assemblé par l'ordre du Commandant de la garnison
ou du régiment, & ce sur les conclusions du Major ou
Aide-major du régiment dont seront lesdits délinquans.

V I I.

Défend très-expressément Sa Majesté aux Cavaliers,
Dragons & Soldats de se travestir ou changer leur habit
de Cavalier, Dragon ou Soldat, à peine contre ceux qui
seront trouvez déguisez dedans ou dehors la garnison,
quoique dans les distances permises, de tenir prison pendant trois mois : Entend Sa Majesté qu'il reste toûjours

A iiij

aux régimens un nombre suffisant d'Officiers pour les contenir; & que par les Majors, Aide-majors ou autres Officiers chargez du détail, il soit fait régulièrement deux fois le jour, le matin & le soir, l'appel des Cavaliers, Dragons & Soldats de leur régiment, pour rendre compte aux Gouverneurs ou Commandans des places, de ceux qui ne s'y seront pas trouvez présens.

V I I I.

ENJOINT Sa Majesté aux Commandans desdites places, de faire faire la revûe desdites troupes toutes les fois qu'ils en seront requis, pour connoître les absens, & procéder contr'eux suivant la rigueur des ordonnances.

I X.

VEUT aussi Sa Majesté que les Cavaliers, Dragons ou Soldats qui, trois jours après que le régiment sera sorti de la garnison, seront trouvez dans les places ou lieux circonvoisins des endroits où ils étoient en quartier d'hiver, soient arrêtez & punis comme déserteurs, si ce n'est qu'ils fussent restez malades aux hôpitaux, ou s'ils n'ont des congés en forme.

X.

LES accusations qui ne tendront qu'à la peine de prison ou d'amende pécuniaire, seront jugées sur le vû des procès verbaux des employés des fermes, par eux affirmez véritables, sans qu'il soit besoin de recollement ni de confrontation.

X I.

CELLES qui se trouveront susceptibles de peines afflictives, ne pourront être jugées qu'après une instruction entière, par audition de témoins, recollement & confrontation: Déclare Sa Majesté le témoignage de deux gardes, conforme dans la répétition & confrontation, suffisant pour la conviction des accusez.

XII.

X I I.

ENJOINT Sa Majesté aux Commandans de ses places, & aux Officiers-commandans de ses garnisons ou quartiers exposez à la contrebande & au commerce de faux sel & de faux tabac, de tenir soigneusement la main à ce qu'aucun Cavalier, Dragon ou Soldat, n'en puisse sortir armé de fusil, pistolets, bayonnette, & même avec le sabre & l'épée, à peine d'être responsables des dommages qui pourroient être commis au moyen desdites armes, tant au préjudice des fermes, que des particuliers.

X I I I.

LEUR enjoint pareillement, lorsqu'ils en seront requis par les Directeurs des fermes, d'ordonner une garde aux portes, brèches & autres endroits desdites garnisons ou quartiers exposez au faux-saunage ou à la contrebande, & même de commander des détachemens, à la première réquisition des employés, pour courir sus aux faux-sauniers & contrebandiers.

X I V.

LORSQUE les employés auront avis de quelque dépôt de sel, de tabac ou de marchandises de contrebande dans les casernes, greniers, écuries & logemens des troupes, ils s'adresseront au Commandant de la garnison ou du quartier, pour ordonner à un Officier d'aller avec eux pour leur faciliter la visite, & faire arrêter ceux qui se trouveront en contravention; ce qui ne pourra être refusé ni différé de la part dudit Commandant & autres Officiers, à peine d'être personnellement responsables des dommages & intérêts du fermier, même d'être privez de leurs emplois si le cas y échéoit, ainsi qu'il sera décidé par Sa Majesté sur le vû des procès verbaux & autres preuves qui seront administrées au Secrétaire d'état de la guerre, pour lui en rendre compte.

X V.

LA contrebande & le commerce du faux sel & du faux tabac ne pouvant se faire dans les forts, citadelles & châteaux, sans que les Commandans & autres Officiers de l'Etat-major en soient informez; Sa Majesté déclare qu'Elle les rendra responsables en leur propre & privé nom, des contraventions qui pourroient s'y commettre; & que sur les preuves qui seront administrées au Secrétaire d'état de la guerre, desdites contraventions, soit qu'elles ayent été commises par connivence, tolérance ou inattention desdits Officiers-majors, Elle les privera de leur emploi, & ordonnera sur ce qui sera dû de leurs appointemens, des retenues proportionnées aux dommages & intérêts qui auront pu en résulter au préjudice des fermes.

X V I.

TOUTES les fois que les employés desdites fermes jugeront à propos de faire des visites dans lesdits châteaux, forts ou citadelles, le Commandant leur en permettra l'entrée sans aucun retardement : Il en fera, pour cet effet, donner la consigne au corps-de-garde de l'entrée, & commandera sur le champ, lorsqu'ils se présenteront, un Officier pour les accompagner, & empêcher qu'on ne leur apporte aucun obstacle ou difficulté dans les visites & perquisitions qu'ils jugeront à propos de faire, & ce sous les peines ordonnée par l'article précédent.

X V I I.

ENJOINT Sa Majesté aux Officiers de ses troupes, de prêter main-forte aux employés, lorsqu'ils en seront requis, pour arrêter des faux-sauniers, faux-tabatiers & contrebandiers, sous peine de desobéissance; & aux Cavaliers, Dragons & Soldats, d'arrêter ceux qu'ils pourront découvrir : Et pour les encourager de plus en plus à concourir, en ces occasions, au bien des fermes, Elle ordonne que lorfqu'ils auront arrêté feuls & fans l'affiftance d'aucun employé des fermes, des faux-fauniers, faux-tabatiers ou contrebandiers, ils auront pour récompenfe les chevaux, charrettes, armes & équipages de ceux qu'ils auront arrêtez; indépendamment de quoi il leur fera payé cent fols pour chaque minot de faux fel emplacé au grenier le plus prochain du lieu où la capture aura été faite, & quinze livres pour chaque quintal de faux tabac qu'ils auront pareillement emplacé dans les plus prochains bureaux ou entrepôts de la ferme du tabac. Veut Sa Majefté que dans les cas où ils n'auront faifi que le faux fel ou le faux tabac appartenant aux faux-fauniers ou faux-tabatiers, fans arrêter aucun defdits faux-fauniers ou faux-tabatiers, il ne leur foit payé que le quart des fommes ci-deffus; fçavoir, vingt-cinq fols pour l'emplacement de chaque minot de faux fel, & trois livres quinze fols pour l'emplacement de chaque quintal de faux tabac, outre les chevaux, charrettes, armes & équipages abandonnez ou pris fur les fraudeurs, dont ils jouiront en quelque cas que ce puiffe être. Veut néanmoins Sa Majefté que dans les cas où les captures auront été faites par les troupes, conjointement avec les employés des fermes, lefdits employés participent aux récompenfes ci-deffus, à proportion de leur nombre & de leur qualité; en forte cependant que le Commandant des troupes ait un tiers de plus que le Commandant des employés, & qu'un garde des fermes ait autant qu'un foldat. A l'égard du tabac & du fel pris par les employés, qui feront conduits dans lefdits greniers, bureaux & entrepôts, fous l'efcorte defdites troupes, elles auront pour ladite efcorte vingt fols pour chaque minot de fel ou quintal de tabac qui y feront emplacez. Quant aux marchandifes de contrebande prifes par lefdites troupes, & dépofées par elles aux bureaux des fermes, il leur fera réglé par les fermiers généraux, une récompenfe proportionnée à la valeur defdites marchandifes.

XVIII.

Il sera de plus payé auxdites troupes quinze livres pour chaque faux-saunier, faux-tabatier ou contrebandier pris avec armes, sel, tabac ou marchandises de contrebande, & par elles écroué dans les prisons de la ville où le bureau, le grenier ou le dépôt des fermes le plus prochain sera établi, & dix livres pour chacun de ceux qui seront pris sans armes. Il sera en outre payé auxdites troupes vingt sols pour la conduite de chacun de ceux qui auront été arrêtez par les employés, & qu'elles auront escorté, à leur réquisition, jusqu'aux prisons.

XIX.

Lesdites sommes seront payées en vertu de la présente ordonnance, par les receveurs des greniers à sel ou bureaux du tabac où lesdites captures auront été remises, au Commandant du détachement par qui elles auront été faites; & ce immédiatement après que les procès verbaux desdites captures auront été faits & rédigez par les employés des fermes, ou par les premiers juges sur ce requis; sans qu'il puisse être apporté aucun retardement à la confection desdits procès verbaux, ni aucune difficulté au payement desdites sommes, sous quelque prétexte que ce puisse être.

XX.

Le Commandant du détachement chargé de la conduite des faux-sauniers, faux-tabatiers & contrebandiers, prendra toutes les précautions nécessaires pour leur sûreté; déclarant Sa Majesté que s'il s'en sauvoit quelqu'un, Elle l'en rendroit responsable en son propre & privé nom. Veut pareillement Sa Majesté que les Commandans des détachemens qui auront fait des saisies de faux sel, de faux tabac ou de marchandises prohibées, remettent exactement dans les greniers à sel, dans les bureaux du tabac

ou dans ceux des traittes, la totalité desdits faux sel, faux
tabac ou marchandises prohibées, en même nombre,
espèce, volume, mesure ou poids qu'ils les auront saisis;
à peine de répondre en leur propre & privé nom, de ce
qui pourroit en être soustrait ou diverti, & d'être châtiez,
soit par prison, amende pécuniaire ou cassation de leurs
emplois, ainsi qu'il sera décidé par Sa Majesté sur le vû
des procès verbaux & autres preuves qui seront administ-
trées au Secrétaire d'état de la guerre, pour lui en rendre
compte.

X X I.

S'IL arrivoit que les employés des fermes conduisant
des prisonniers, fussent spoliez & maltraitez par des Gendarmes, Cavaliers, Dragons & Soldats de ses troupes,
soit dans les villes & lieux de leur garnison, de leurs
quartiers ou des environs, ceux qui auront spolié la capture à main armée, seront punis de mort; & ceux qui
auront favorisé la spoliation, seront condamnez aux galères, sauf plus grande peine s'il y échéoit : leur procès
sera pour cet effet instruit par le Prevôt de la Maréchaussée,
& jugé sur son rapport au Conseil de guerre, qui sera
assemblé dans le lieu de la garnison ou du quartier, en
la forme ci-dessus prescrite.

X X I I.

VEUT en outre Sa Majesté qu'en ces sortes de cas le
régiment dont seront les accusez, demeure responsable
de la perte du sel, du tabac & des marchandises prohibées,
au prix que lesdits sel & tabac se vendent dans les bureaux
les plus prochains des lieux où la spoliation aura été faite,
& de tous les dépens, dommages & intérêts du fermier
& des employés qui auront été maltraitez; & que sur le
jugement, & l'état qui en sera dressé par lesdits fermiers
ou leurs principaux commis, visé par l'Intendant de la

province, & adreſſé au Secrétaire d'état de la guerre, il ſoit pourvû au dédommagement par retenue ſur le régiment.

XXIII.

LORSQU'UN corps de troupes partira d'une garniſon ou d'un quartier où les fermes des gabelles & du tabac ne ſeront pas établies, ou de quelques lieux voiſins des provinces ou pays exempts deſdites fermes, pour s'acheminer dans ceux qui y ſeront ſujets, les Maréchaux-des-logis dans la Cavalerie & dans les Dragons, & les Sergens dans l'Infanterie, viſiteront exactement les havre-ſacs de ceux qui ſont ſous leur charge, pour empêcher qu'ils ne tranſportent aucune quantité que ce puiſſe être de faux ſel, de faux tabac & de marchandiſes de contrebande : Veut Sa Majeſté que ſi dans les viſites qui pourront être faites dans le cours de la route, ainſi qu'il ſera ci-après expliqué, quelques Cavaliers, Dragons & Soldats s'en trouvent ſaiſis, le Maréchal-des-logis ou le Sergent de la compagnie dont ils ſeront, ſoit mis en priſon pour un mois à ſon arrivée dans la garniſon, qu'il ſoit privé de la moitié de ſa ſolde pendant ledit tems ; & que le Cavalier, Dragon ou Soldat qui s'en trouvera porteur, ſoit pareillement arrêté, conduit lié à la tête du régiment, & mis en priſon en arrivant à la garniſon, pour être mis au Conſeil de guerre, & y être condamné aux peines portées par les articles III. ou IV. de la préſente ordonnance, ſuivant que les quantités de faux tabac ou de marchandiſes de contrebande dont il ſe trouvera chargé, dénoteront qu'il les avoit pour ſon ſimple uſage ou pour en faire commerce, & ce conformément auxdits articles.

XXIV.

INDÉPENDAMMENT de la demi-ſolde d'un mois retenue aux Maréchaux-des-logis & aux Sergens, qui sera appliquée aux fermiers généraux, il leur sera de plus payé sur les appointemens de Capitaine, un dédommagement proportionné aux quantités du faux sel & de faux tabac qui auront été saisis dans sa compagnie, suivant les ordres qui en seront donnez par Sa Majesté, sur le rapport qui lui sera fait de la nature & de la force de la contravention.

X X V.

ENJOINT Sa Majesté à tous Chefs & Officiers de ses troupes marchant sur des routes, de les faire mettre en bataille lorsqu'ils en seront requis par les employés établis sur leur passage, & de tenir la main à ce qu'ils fassent la visite des havre-sacs des Cavaliers, Dragons & Soldats, ainsi que des coffres, valises & porte-manteaux que les Officiers pourront avoir avec eux.

X X V I.

LES coffres, valises & porte-manteaux des Officiers, dans lesquels il se trouvera du sel, du tabac ou des marchandises de contrebande, seront saisis par les employés, & demeureront avec tous les effets qui s'y trouveront renfermez, confisquez au profit des fermiers généraux, envers lesquels lesdits Officiers seront en outre condamnez en une amende de cent livres, dont la retenue sera faite sur leurs appointemens.

X X V I I.

LORSQUE ladite visite devra être faite à l'entrée ou à la sortie d'une place de guerre, le Commandant de la troupe sera tenu, à la réquisition qui en sera faite par les employés, de la faire mettre en bataille avant que d'entrer dans la place, ou après qu'elle en sera sortie, & de commander des Officiers pour veiller à ce que la visite soit faite sans aucun trouble. Veut Sa Majesté que les

Majors des places, & en leur absence les Aide-majors, se rendent aux portes, sur le lieu où la troupe sera en bataille, pour veiller à l'exécution de ce qui est en cela des intentions de Sa Majesté.

XXVIII.

LESDITS Majors ou Aide-majors rendront compte aux Commandans des places, de ce qui se sera passé dans lesdites visites; & en cas de désobéissance, ou de violence & de mauvais traitemens à l'égard des employés, lesdits Commandans en rendront compte aussi-tôt à Sa Majesté, qui rendra personnellement responsables les Chefs & Officiers conduisant la troupe, des dommages & intérêts de ses fermes, & de ceux qu'auront pu souffrir les employés maltraitez.

XXIX.

TOUT Officier commandant une troupe en marche, sera responsable des contraventions commises par ceux étant sous ses ordres, & tenu en son nom de payer les amendes auxquelles ils pourront être condamnez.

XXX.

POUR ôter tout prétexte aux troupes, d'user de faux tabac, il y aura dans les cantines établies par les soins des fermiers généraux, une quantité suffisante de tabac pour leur fournir celui qui sera nécessaire pour leur consommation, sur le pied de douze sols la livre, poids de marc.

XXXI.

LE tabac sera fourni dans lesdites cantines, pour les Sergens & Soldats, & pour les Gendarmes, Brigadiers, Cavaliers & Dragons des troupes de Sa Majesté, tant françoises qu'étrangères, à raison d'une livre par mois chacun; leur fait Sa Majesté très-expresses inhibitions &

défenses, d'en exiger une plus grande quantité ; enjoignant Sa Majesté aux Commandans & autres Officiers desdites troupes, de tenir la main à l'exécution du présent article.

X X X I I.

LES commis tenant lesdites cantines feront la distribution du tabac aux régimens ou compagnies, à proportion du nombre effectif d'hommes dont ils seront composez, suivant les revûes des Commissaires des guerres, lesquels pour cet effet leur délivreront un extrait desdites revûes, signé d'eux.

X X X I I I.

LE tabac sera délivré les premiers jours de chaque quinzaine, à ceux qui seront chargez par les Officiers des régimens ou compagnies, de le recevoir pour tout le corps, & d'en faire la distribution en détail aux Gendarmes, Soldats, Cavaliers ou Dragons : Voulant Sa Majesté que les préposés auxdites recette & distribution, soient tenus de l'aller prendre dans la cantine de la ville où lesdits régimens ou compagnies seront en garnison ; & au cas que lesdits régimens & compagnies soient dispersez dans le plat-pays, qu'ils aillent le prendre à la cantine de la ville la plus prochaine des quartiers.

X X X I V.

LES Commandans ou Officiers chargez du détail de chaque troupe, seront tenus de donner tous les mois, & toutes les fois que ladite troupe changera de garnison ou de quartier, leur certificat au bas des extraits de revûes, de la quantité de tabac qui lui aura été fournie.

X X X V.

LES troupes qui auront reçu des ordres pour rentrer dans le royaume, seront tenues de se fournir au premier bureau général ou entrepôt de leur route, de tout le tabac de cantine dont elles auront besoin pour le tems de leur marche; & celles qui passeront d'une province dans une autre, seront pareillement tenues de se fournir à la cantine du lieu de leur garnison, du tabac qui leur sera nécessaire pour le tems qu'elles devront marcher; le tout conformément aux articles ci-dessus: au moyen de quoi, & lorsque les troupes auront omis de se fournir de tabac dans les endroits indiquez par le présent article, elles ne pourront en exiger dans les autres bureaux & cantines de leur route. Et afin que les commis puissent faire le décompte des quantités de tabac qu'ils devront fournir à proportion du nombre des jours certifiez par les routes sur lesquelles lesdites troupes devront marcher, il leur en sera fourni des copies, au bas desquelles les Commandans ou Officiers chargez du détail, certifieront pareillement les quantités qui auront été délivrées pour le tems de la marche.

X X X V I.

A l'égard du sel nécessaire à la consommation des troupes, Sa Majesté a fixé à sept livres le minot, non compris deux livres un sol six deniers pour les droits manuels, le prix de celui qui leur sera fourni dans les pays seulement où la gabelle a lieu. Cette fourniture sera faite par les receveurs des greniers à sel, à raison d'un quart de minot de sel par mois pour quarante-deux Gendarmes, Cavaliers, Dragons ou Soldats, & à proportion pour un nombre plus petit ou plus grand; de laquelle fourniture lesdits receveurs seront tenus de faire mention sur leurs registres.

X X X V I I.

VEUT au surplus Sa Majesté, que la présente ordonnance soit ponctuellement exécutée selon sa forme & teneur, nonobstant tout ce qui pourroit s'y trouver de contraire dans les précédentes, auxquelles Sa Majesté a dérogé & déroge par la présente ; son intention étant qu'elle serve de régle à l'avenir dans tous les cas qui seront relatifs au commerce du faux sel, du faux tabac & des marchandises de contrebande.

MANDE & ordonne Sa Majesté aux Gouverneurs & ses Lieutenans généraux en ses provinces, Gouverneurs particuliers de ses villes & places, Intendans & Commissaires départis dans lesdites provinces, aux Directeurs & Inspecteurs généraux de ses troupes, Colonels, Mestres-de-camp & autres Officiers desdites troupes, & aux Commissaires des guerres ordonnez à leur conduite & police, de tenir la main, chacun à son égard, à l'exacte observation & exécution de la présente, laquelle Sa Majesté veut être lûe, publiée & affichée par-tout où besoin sera, à ce qu'aucun n'en prétende cause d'ignorance ; & qu'aux copies d'icelles, dûement collationnées, foi soit ajoûtée comme à l'original. FAIT à Fontainebleau le premier octobre mil sept cens quarante-trois. *Signé* LOUIS. *Et plus bas,* M. P. DE VOYER D'ARGENSON.

www.ingramcontent.com/pod-product-compliance
Lightning Source LLC
LaVergne TN
LVHW021911180726
843502LV00008B/3009